Bibliothèque du " Pays Poitevin "

P. MÉTAIS

Curé de Jaulnay (Vienne)
Directeur de la Revue éclectique d'Apiculture

SAINT-DENIS DE JAULNAY

Monographie paroissiale

LIGUGÉ

AUX BUREAUX DU " PAYS POITEVIN "

1898

Revue éclectique d'Apiculture

Directeur : Abbé P. Métais. — Cette revue, mensuelle, publie tantôt des articles courts, clairs, complets sur tous les sujets apicoles, tantôt des articles plus développés sur les mêmes questions, et enfin des travaux de longue haleine dus à la plume d'éminents et nombreux collaborateurs.

Le débutant, l'apiculteur déjà exercé et même l'apiculteur émérite y trouveront chacun des renseignements utiles.

On s'abonne aux bureaux de la Revue, 4, rue de l'Eperon, à Poitiers.

Prix de l'abonnement : **4** fr. par an pour la France ; **4** fr. **50** par an pour l'Etranger.

Le Pays Poitevin

est la revue provinciale type. Publiée en grand format in-4° raisin, avec vingt pages de texte, enrichie de nombreuses gravures, elle étudie le passé et le présent de la région poitevine et charentaise, le religieux et le profane, dans la tradition, les coutumes, l'histoire, les monuments. Conçue dans la forme moderne de vulgarisation et d'art, elle s'adresse à tous. Son format et son aspect lui marquent une place d'honneur sur la table de tout salon poitevin, aussi bien que dans la bibliothèque des érudits ou des amateurs.

Directeurs : MM. Gustave Boucher et Constant Roy. Rédaction à Poitiers ; administration à Ligugé (Vienne). — Abonnement annuel, 5 francs ; un numéro, 50 centimes. Envoi gratis d'un numéro spécimen sur demande affranchie.

La revue paraît mensuellement.

BULLETIN

DE

SAINT-MARTIN

ET DE SAINT-BENOIT

Revue mensuelle publiée par les RR. Pères Bénédictins

Saint Martin, par son apostolat et son culte, saint Benoît, par l'action extraordinaire de ses enfants, que l'histoire nous montre présents partout dans notre pays, ont exercé sur la France une influence considérable. Les articles du Bulletin, destinés à faire connaître leur rôle, sont à la portée de tous les lecteurs. Ils instruisent et édifient.

On s'abonne à l'abbaye Saint-Martin de Ligugé (Vienne). — Prix de l'abonnement : 2 francs par an.

SAINT-DENIS DE JAULNAY

MONOGRAPHIE PAROISSIALE

VUE DE L'ÉGLISE DE JAULNAY

Première communion 1898

Bibliothèque du " Pays Poitevin "

P. MÉTAIS

Curé de Jaulnay (Vienne)
Directeur de la Revue éclectique d'Apiculture

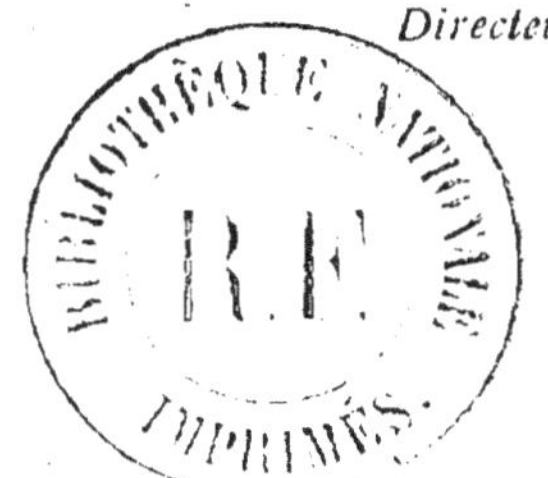

SAINT-DENIS DE JAULNAY

Monographie paroissiale

LIGUGÉ

AUX BUREAUX DU " PAYS POITEVIN "

1898

SAINT-DENIS DE JAULNAY

I. — DE LA PAROISSE

L'ÉGLISE, pour conquérir le monde et pour perpétuer sa conquête, a institué l'organisation paroissiale. Au moyen âge, la paroisse chrétienne a donné naissance à la commune, qui, dans le principe, n'était qu'un groupement des familles et de leurs intérêts autour de l'autel.

La commune aujourd'hui est une partie de territoire administrée par un maire. Les catholiques qui l'habitent forment la paroisse. Ils ont à leur tête le curé, qui est chargé de pourvoir à tous leurs besoins spirituels.

Les paroisses jadis étaient groupées en archiprêtrés et en doyennés, leur réunion formait le diocèse.

Jaulnay. — Jaulnay, aujourd'hui paroisse importante du doyenné de Saint-Georges-les-Baillargeaux, faisait autrefois partie de l'archiprêtré de Lassie, dont le curé de Dissais était titulaire[1].

1. Pouillé du diocèse.

Curés de Jaulnay. — Avant 985, les biens de la cure de Jaulnay appartenaient au chapitre de Saint-Paul [1] de Poitiers, qui nommait son titulaire.

A partir de 985, ce fut l'abbé de Bourgueil [2] qui perçut les revenus de la cure et nomma le curé. C'était en général un de ses religieux.

Voici les noms des curés de Jaulnay, de 1607 jusqu'à nos jours, avec l'année de leur prise de possession :

Verneau,	1607 ;	Pain,	1753 ;
Gouin,	1634 ;	Demayré,	1764 ;
Carrelger,	1665 ;	Nepveux,	1765 ;
Thevenet,	1668 ;	Herbault,	1778 ;
Lucas,	1691 ;	Ayrault,	1813 ;
Demayré,	1719 ;	Rabanit,	1827 ;
Boucault,	1728 ;	De Chazelles,	1852 ;
Guiber,	1752 ;	Vigneau,	1893 [3] ;

enfin le curé actuel, qui a pris possession de sa charge le 3 août 1896.'

L'histoire locale ne nous a pas conservé les noms des prètres qui ont occupé la cure de Jaulnay avant 1607, excepté Anthoine Favereau, curé en 1544.

Plusieurs de ceux dont nous venons de citer les noms ont été enterrés dans l'église.

Sépultures dans l'église. — L'honneur d'être enterré dans la maison de Dieu n'était pas exclusivement réservé aux prètres. Les chrétiens, quels qu'ils fussent, qui s'étaient fait remarquer par leurs générosités envers l'Église ou même certaines personnes d'une condition plus modeste, y recevaient également la sépulture. On accordait aussi parfois la même faveur à des fidèles qui s'étaient distingués par leurs vertus.

C'est ainsi que nous relevons les noms de personnes du peuple qui sont encore portés de nos jours, tels que Babin, Gouttière, Thibault, etc. [4].

Bénéfices. — Les bénéfices ou revenus affectés à la cure consistaient en domaines et en dimes.

Les curés affermaient ordinairement les revenus de la dime,

---

car le ministère paroissial leur en rendait la gérance trop difficile.

Les revenus de la cure de Jaulnay étaient en 1728 de 355 livres[1].

En dehors de ce fermage, les curés percevaient encore des offrandes que les fidèles leur faisaient sous forme de rente. Ces rentes étaient touchées par la fabrique. C'est ainsi qu'on voit, en 1598, M. Morineau, propriétaire de la métairie de Buffomont, s'imposer d'une rente de 5 boisseaux de blé pour avoir, sans doute dans la chapelle de Parigny, une messe solennelle et un salut du Saint-Sacrement le jour de la fête de l'Annonciation, le 25 mars[2].

Quelques-unes de ces rentes pieuses ont subsisté après la Révolution[3]. Les héritiers, d'un commun accord avec la fabrique de Jaulnay, les ont éteintes, mais celle-ci doit remplir à perpétuité les charges qu'elles comportaient.

Prieuré. — A côté des biens de la cure, il y avait ceux du prieuré, qui étaient également affermés. Le prieur était distinct du curé et habitait le plus souvent, dans les derniers siècles, ailleurs qu'à Jaulnay, ainsi que le constate l'analyse de l'acte suivant, de 1671, relevé aux archives de Tours :

« Prieuré de Jaulnay dépendant de Bourgueil. Bail à ferme pour six années des maisons, granges, étables, fuie, jardin, enclos, prés, terres, rentes, honneur, profits de fiefs composant le temporel dudit prieuré consenti par François Perrault, curé de l'église Saint-Porchaire de Poitiers, prieur de Jaulnay, à Sébastien Carrelier, maître boulanger, et à Daniel Blanchard, maître vinaigrier, pour la somme de 600 livres[4]. »

Soit pour les bénéfices de la cure, soit pour ceux du prieuré, les tenanciers s'adressaient aux fermiers et non aux véritables propriétaires de la rente.

Vicaires et chapelains. — Le curé était aidé dans son ministère par un vicaire et deux chapelains. Nous avons retrouvé quarante de leurs noms. L'un des chapelains desservait la chapelle dite des Mazurier, qui était sans doute attenante au prieuré, propriété aujourd'hui de MM. Bodin, Raveau et Bourguignon[5] ; l'autre desservait la chapelle de Notre-Dame de la

---

1. Mgr Barbier de Montault.
2. Archives de la Vienne.
3. Archives de la fabrique.
4. De Grand-Maison. Dans la cour du prieuré on a récemment mis à jour une belle mosaïque de l'époque romaine.
5. On voit encore aujourd'hui les ruines de cet édifice.

Doüe [1], nommée au dix-huitième siècle Notre-Dame la Douce [2]. Cette dernière était bâtie sur la jetée d'un fossé qui unissait Clan à Jaulnay. La maison habitée par M. Raoul, notaire, a été élevée sur ses ruines.

Traitement des curés. — Le gouvernement de la Révolution s'est emparé des biens de l'Eglise et les a vendus aux enchères à des prix dérisoires [3] ; puis sans avoir égard à la volonté des donateurs, il a aboli toutes les offrandes destinées au service religieux.

Après la tourmente révolutionnaire, le gouvernement, dans l'impossibilité de restituer à la religion les biens qu'il lui avait enlevés, a consenti, d'accord avec le Pape, à donner, à titre de compensation pour les biens confisqués, une somme de 900 francs à chaque prêtre desservant une paroisse. Cette indemnité est improprement appelée traitement des curés.

II. — DE LA VIE CHRÉTIENNE A JAULNAY

Sainte Radegonde, désirant posséder un fragment de la vraie croix du Sauveur, en fit la demande à Justin le Jeune, empereur d'Orient ; elle obtint ce qu'elle demandait.

La tradition rapporte que la précieuse relique fut apportée à la noble religieuse par des prêtres de Tours, le 19 novembre 569. Les clercs de Poitiers qui allèrent au-devant des envoyés tourangeaux les rencontrèrent à Sigon, paroisse de Migné.

Pour arriver en ce lieu, où passa la pieuse caravane ?

Elle ne suivit évidemment pas la voie romaine de Tours à Poitiers, passant par Saint-Georges, sur la rive droite du Clain. On connait dans le pays un chemin qui porte le nom de *Chemin des Bœufs* ou *Chemin Saulnier,* parce que c'était par là que passaient les contrebandiers du sel. Ce chemin était empierré et de temps immémorial il est donné comme ayant été une voie de grande communication entre le Poitou et la Touraine. Il entre sur le territoire de Jaulnay, au moulin de Train, laisse Chincé à trois cents mètres sur la droite, traverse la vallée des

1. Archives de la Vienne.
2. M. Mongruel (acte d'achat).
3. Une tradition locale rapporte qu'une propriété de 165 ares sise en face du château a été échangée pour six oies.

INTÉRIEUR DE L'ÉGLISE DE JAULNAY

Justices, coupe la route de Clan à Saint-Maixent entre Jaulnay et Louneuil. N'est-ce point là que passèrent les porteurs de l'insigne relique?

Une ancienne tradition, chère à la piété des gens de Jaulnay, l'affirme. Elle trouve une confirmation dans le fait historique que nous allons raconter.

Saint Léger. — Saint Léger, archidiacre de Poitiers, abbé de Saint-Maixent et enfin évêque d'Autun, avait reçu la palme du martyre le 3 octobre 698. Son corps fut transféré à Saint-Maixent en 681.

Il devait passer par Poitiers.

L'évêque Ansoald vint le recevoir à Jaulnay, où il attendit durant trois jours l'arrivée des saintes reliques.

La population entière, dans un élan de foi enthousiaste, accompagna son premier pasteur qui allait au devant du cortège. On le rencontra au lieu qui a reçu depuis le nom de Saint-Léger-la-Pallu.

C'est au milieu de la fumée de l'encens, à la lueur des cierges que chacun tenait à la main, que les habitants de Jaulnay reçurent le précieux dépôt. Des chants préparés à l'avance remuèrent profondément les cœurs, et ce fut une marche triomphale que la procession qui s'organisa alors de Saint-Léger à Jaulnay, où un miracle éclatant récompensa la foi de nos ancêtres et excita encore davantage leur enthousiasme [1].

Guérison. — Une femme pliée en deux par une déviation de la colonne vertébrale se rendit au-devant de la procession ; elle leva les yeux pour voir le cortège, pria devant les reliques et se releva guérie à la vue de tout le monde [2].

M. Dufour, dans l'*Ancien Poitou*, croit que la présence de l'évêque à Jaulnay fut la raison qui détermina le convoi de 681 à quitter la voie romaine pour passer dans notre localité [3]. La voie romaine était sur la rive droite du Clain, et Saint-Léger et Jaulnay sont sur la rive gauche. N'est-il pas plus juste de penser que le chemin suivi par les deux cortèges fut le même et que ce chemin était alors la voie de grande communication entre la Touraine et le Poitou?

Église. — Pour trouver une autre manifestation de la piété des fidèles de Jaulnay, il faut descendre jusqu'au onzième siècle.

---

1. *Acta Sanctorum*, 2 octobre.
2. Ibid.
3. Dufour, *Ancien Poitou*,

C'est à cette époque que fut construite l'église actuelle. Alors, comme de nos jours, les paroissiens se faisaient un honneur de contribuer à la construction de la maison de Dieu.

Maintenant, nous employons les souscriptions, des dons en argent ; autrefois l'argent étant plus rare, l'on donnait alors du bois, des pierres, le travail de ses bœufs et ses propres journées.

Notre belle église est bien l'œuvre de nos pères. Depuis lors ils l'ont maintes fois remaniée en y faisant les restaurations que nécessitaient les circonstances et les accidents.

Chapelle. — Ce monument ne suffisait pas à la piété des fidèles ; ils élevèrent encore dans le bourg les deux chapelles désignées plus haut.

La chapelle Notre-Dame de la Doüe a été détruite par les protestants en 1569, ainsi que l'attestent plusieurs dépositions conservées aux Archives d'Angers. Je cite la suivante, faite en l'an 1602 par Michel Pichault, âgé de soixante-dix ans, laboureur de la métairie de Brin :

« ... Déclare avoir vu la chapelle Notre-Dame de la Doüe en bon estat avecq deux cloches. On y disait trois messes par semaine... *Laquelle a été ruynée par ceux de la religion dite réformée, pendant que le défunt Admiral avait mis le siège devant la ville de Poictiers, il y a environ trente-quatre ans*[1]. »

Un devis de réparations projetées, daté du 16 octobre 1633 et signé Charpentier, dit que cette chapelle avait 36 pieds de long de dehors en dehors et 20 pieds de large également de dehors en dehors, et qu'elle devait être couverte en ardoises[2].

Les villages de Louneuil[3], Chincé et Parigny eurent chacun la leur.

Celle de Louneuil était dédiée à saint Gille.

Il y eut dans ces chapelles des bénédictions de mariages et de sépultures. C'est ce qui explique les nombreux ossements qu'on rencontre auprès des anciens murs de fondation. De plus, les archives municipales renferment plusieurs actes de mariage et de décès relatifs à ces chapelles[4].

Un souvenir de ces anciennes sépultures. — Les anciens nous disent qu'après la démolition de ces sanctuaires on voyait errer çà et là, en pleine nuit, des lumières mystérieuses. C'était, disait-on, les âmes des personnes qui avaient doté

1. Archives de Fontevrault.
2. Ibid.
3. Autrefois Nouneuil, et c'est ainsi que le peuple le désigne encore.
4. Archives municipales.

ces chapelles ou des chrétiens enterrés en ces lieux. Elles venaient se plaindre aux vivants de ne plus recevoir les bienfaits des prières jadis offertes pour elles.

La Châtelainie. — L'abbaye des Religieuses de Fontevrault (Maine-et-Loire) possédait la Châtelainie de Jaulnay, dont la maison principale occupait l'emplacement de l'école actuelle des garçons. Elle avait été donnée, en 1190, par Eléonore d'Aquitaine, ainsi que le rappelle une charte conservée aux Archives d'Angers et dont voici l'analyse que nous en a faite Pierre Lardier, en 1650 :

« Très haute dame Eléonore, reine d'Angleterre, duchesse de Normandie et d'Aquitaine, comtesse d'Anjou, par laquelle et pour le salut de l'âme de Richard son fils, roi d'Angleterre, et la sienne, elle libère ses hommes, sujets de la cour de Jaulnay, et servitudes susdites mentionnées de la charte donnée à Fontevrault [1]. »

Pèlerinages. — Chaque année, nos pères se rendaient en pèlerinage à Poitiers pour satisfaire leur dévotion. En inaugurant nos pèlerinages à sainte Radegonde, nous ne faisons que renouer une tradition interrompue à la fin du siècle dernier.

Un de ces pèlerinages mérite surtout notre attention, La relation qui en est faite est consignée aux archives de la mairie, à la date de 1723. En voici le texte :

« Nous avons été processionnellement cette année à la Visitation de Poitiers pour demander au Sacré-Cœur de Jésus la pluie qui nous était si nécessaire dans une affreuse sécheresse. Notre procession a eu bon effet, car la nuit suivante survint une pluie abondante.

« Nous eûmes ordre de Monseigneur l'évêque de chanter le psaume *Benedictus* en action de grâce, ce que nous fîmes le dimanche suivant, et nous mîmes notre paroisse sous la protection de ce Cœur adorable. Que nos successeurs n'oublient jamais cette dévotion et les obligations que Jaulnay a contractées à ce sujet [2]. »

L'année suivante, la sécheresse était aussi très grande et l'on ne pouvait pas semer les blés. On renouvela le pèlerinage au Sacré-Cœur et le lendemain une pluie abondante permit de labourer [3].

1. Archives d'Angers.
2. Archives municipales.
3. Ibid.

La Quintaine[1]. — On savait autrefois se divertir d'une manière bien innocente. Parmi les amusements qui avaient à Jaulnay une plus grande attraction, la quintaine occupe la première place.

Elle attirait à Jaulnay les populations voisines et procurait à la jeunesse une intéressante récréation. Elle commençait après la sainte messe, à laquelle tout le monde assistait, le jour de la Trinité[2].

Cette fête populaire a été l'origine de notre assemblée de la Trinité, qui est presque tombée en désuétude.

L'aveu suivant de 1778 nous met au courant de ce qui s'y passait.

« Tous les jeunes hommes et nouveaux mariés de l'année sont aussi tenus de courir la quintaine ledit jour de la *Trinité*, avec chevaux dont le roi des bacheliers doit fournir et doivent aussi se fournir de lances, et où ils manqueraient de le faire me doivent par chacun an 60 sols d'amende[3]. »

Ceux qui faisaient les frais de cette fête étaient à cheval pour *amuser le monde*.

C'était évidemment la quintaine. Elle ressemblait beaucoup au jeu de *bacquet*, avec cette différence que les héros de la quintaine étaient montés.

Communions et confirmation. — A la veille de la Révolution, le chiffre des communions pascales à Jaulnay fut de 1200.

Douze années auparavant, l'évêque de Poitiers vint donner la confirmation à Dissais et à Neuville. Il y eut 469 confirmants de Jaulnay.

Les pauvres. — Les pauvres n'étaient pas abandonnés à Jaulnay. Nous voyons en 1770 et pendant les années suivantes des quêtes se faire à domicile pour leur venir en aide. Le curé, M. l'abbé Nepveux, leur abandonna les revenus de ses domaines. Cela dura pendant les sept années de la disette qui désola alors la contrée.

---

1. Pour l'exercice militaire de la quintaine, fort connu dans le moyen âge, remarque P. Paris (Berte, cviii), on élevait sur un pivot une espèce de trophée composé de cinq pièces, casque, cuirasse, bouclier, lance et épée. L'adresse des cavaliers consistait, leurs chevaux courant à toute bride, à frapper de la lance le juste milieu du trophée. S'ils réussissaient, le trophée tournait sur lui-même aux applaudissements des spectateurs. Dans le cas contraire, la quintaine se dérangeait, les cinq pièces tombaient ou venaient frapper le pauvre jouteur, qui accueillait force huées pour prix de sa maladresse.

2. Almanach de Poitiers de 1701 à 1790.

3. Aveu de Clairveaux, 1778.

Comment on mourait. — L'acte suivant du 6 octobre 1680 nous prouve que nos pères, profondément chrétiens de leur vivant, savaient aussi pratiquer en face de la mort les vertus chrétiennes.

« L'an mil six cent quatre-vingt, le six octobre, Louise Gouin est décédée dans la communion de la sainte Eglise catholique, apostolique et romaine, munie de tous les saints sacrements qu'elle a reçus pendant sa maladie avec une dévotion et piété singulières, et dont elle a accompagné la réception de plusieurs notes héroïques des vertus chrétiennes de foi, d'espérance, d'amour de Dieu, et d'une patience tout à fait illustre, vertus qui ont laissé lieu de croire que son trépas est du nombre de ceux auxquels le prophète couronné donne ce glorieux éloge : La mort des saints est précieuse aux yeux de leur Seigneur [1]. »

Dimanche. — Le saint jour du dimanche était en grand honneur, et ce fut un véritable scandale quand on vit en 1844 quelques ouvriers maçons, étrangers au pays, travailler pendant que tout le monde allait à la messe. On porta plainte à la municipalité pour prévenir le retour d'une pareille profanation [2].

Missions. — La vie chrétienne a toujours été entretenue et renouvelée par des missions qui se donnaient à intervalles presque réguliers ; je ne signalerai que les principales.

En l'année 1721, les fils du Père de Montfort donnèrent une mission à Jaulnay à la suite de laquelle on se rendit en pèlerinage à Poitiers, à Notre-Dame des Larmes, tableau miraculeux qui était exposé dans l'église Saint-Michel [3].

Cette église faisait l'angle de la Grand'Rue et de la rue des Feuillants. Le tableau de Notre-Dame des Larmes est conservé aujourd'hui dans l'église Sainte-Radegonde.

La mission de 1769 fut terminée par la **bénédiction d'une cloche** baptisée sous le nom de Marie-Françoise, appelée aussi petite cloche.

Le peuple lui a toujours attribué une vertu contre la grêle. Cette cloche a été conduite au district de Poitiers, pendant la Révolution.

C'est en 1802 seulement que la paroisse a pu s'en procurer une autre [4].

---

1. Registre par. de Dissais.
2. Archives de la fabrique.
3. Notes de M. le chanoine Rosière.
4. Arch. de la fabrique.

L'usage de sonner la *Petite Cloche* pendant l'orage s'est conservé jusqu'à nos jours [1].

La mission de 1852 se termina par la plantation de la croix, aujourd'hui bien détériorée, qui se trouve au chevet de l'église.

L'épisode suivant, se rapportant à la croix Brunet, trouve ici sa place :

« Un nommé Brunet avait, à la suite d'une mission, fait planter une croix à l'angle de l'une de ses propriétés, sur le chemin de Parigny ; mais sous la Terreur, pris d'un beau zèle patriotique, il renversa lui-même sa croix, en 1794. Or, à peine la croix fut-elle tombée, qu'un mal inconnu le plongea dans d'atroces souffrances. On l'entendait alors s'écrier : « Dieu me « punit, que l'on relève ma croix et je guérirai. »

Il souffrit, dit-on, jusqu'au jour où le calme permit de relever cette croix, qui conserve encore le nom de *Croix Brunet* [2].

La plupart de nos croix ont toutes été plantées à la suite d'une mission, pour en perpétuer le souvenir.

J'appelle de tous mes vœux le jour où Jaulnay pourra se procurer l'immense avantage d'une mission, à la suite de laquelle nous pourrions élever un calvaire digne de notre localité.

La Révolution. — La tempête révolutionnaire sévit à Jaulnay comme partout. On fit deux parts du mobilier de l'église ; la première fut envoyée au chef-lieu du district (Poitiers) ; la seconde fut vendue aux enchères [3].

Nous devons dire, à la louange de plusieurs acquéreurs, qu'ils gardèrent religieusement chez eux ces objets sacrés pour les restituer après la Révolution, et nous sommes heureux et fiers de trouver parmi eux des noms honorés encore dans la paroisse.

Les faits suivants montrent combien la population tenait à ses pratiques religieuses : l'église ne fut fermée que pendant dix-sept mois ; et, dès qu'on le put, on s'empressa de la disposer pour y célébrer la sainte messe, qui fut chantée solennellement le 20 juillet 1796 [4].

La procession de la Fête-Dieu fut célébrée jusqu'au moment de la Terreur. La garde nationale qui y assistait militairement présentait les armes au Dieu de l'Eucharistie.

Nos pompiers ont fait la même chose jusqu'à la publication du décret de 1882, qui le leur a interdit.

A propos de processions, rappelons celle de la Saint-Marc,

1. Tradition.
2. Ibid.
3. Archives municipales.
4. Ibid.

qui faisait le tour de la paroisse, avec halte aux principaux villages de Louneuil, Chincé, Parigny, où l'on prenait un peu de nourriture aux frais de la fabrique[1].

Marché. — Nos pères ne vendaient ni achetaient le dimanche.

Le maire, M. Chaboisseaux, en 1794, au retour de Poitiers, où il était allé livrer au district les vases sacrés de l'église, prit un arrêté qui fixait au dimanche le marché qui avait lieu le mercredi[2].

Dieu n'a pas béni ce changement, car, moins de cent ans après, ce marché, le plus important de la contrée, est presque complètement tombé, malgré les efforts des diverses municipalités qui se sont succédé à Jaulnay et le vœu de tous les habitants.

Rien ne prospère de ce qui est fait en haine de Dieu.

III. — ÉGLISE PAROISSIALE

Dans un remarquable rapport à la Société des Antiquaires de l'Ouest (1875), Mgr Barbier de Montault a fait une intéressante description de notre vieux monument[3].

Il fait remonter la première construction de l'église au onzième siècle ou au commencement du douzième. C'est donc depuis huit cents ans que ce vaisseau réunit sous ses voûtes une population sans cesse renouvelée et toujours animée des mêmes sentiments de foi et de piété.

Porte Saint-Michel. — Devant la grande porte, appelée autrefois porte Saint-Michel, se trouvait un petit hangar connu sous le nom de *ballet*, sans doute parce que les habitants des villages y attendaient l'heure des offices les bras ballants[4].

Fonts baptismaux. — En descendant les marches de la grande porte, on voyait jadis à gauche un autel dédié à saint Michel. Les fonts baptismaux, qui occupent aujourd'hui cette place, étaient dans la chapelle du Sacré-Cœur, appelée autrefois

1. Archives de la fabrique.
2. Archives municipales.
3. Mgr Barbier de Montault.
4. Dupiney.

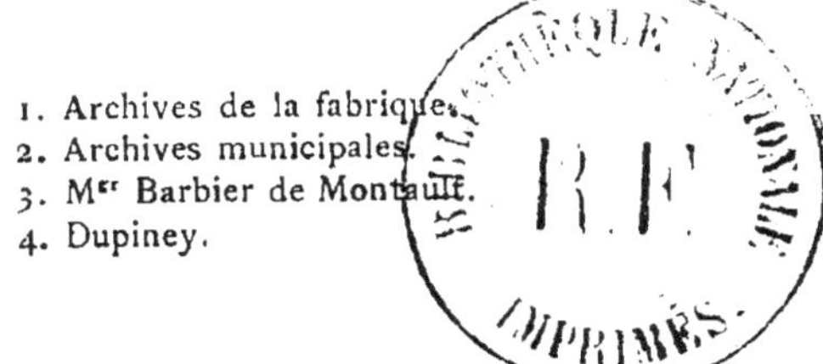

chapelle Saint-Jean. C'est en 1775 que fut fait ce changement [1].

Chapelle de la Vierge. — La chapelle de la sainte Vierge était réservée au seigneur du lieu et à sa famille. C'est là que la famille seigneuriale assistait à la messe et recevait la sépulture ; ses armoiries étaient peintes dans le vitrail et on voyait dessinée sur les murs leur *litre funèbre* que le peuple appelait cordon [2].

Le banc seigneurial était situé devant l'arc ogival du mur nord, à droite de l'autel. La municipalité fit enlever de l'église tous les titres seigneuriaux, le 22 mai 1790 [3].

Statues des Saints. — On vendit pendant la Révolution une statue de la Vierge en terre cuite, fabriquée à Paris en 1750. Elle a été depuis replacée dans l'église, où elle est l'objet d'une vénération toute spéciale.

Il y avait encore dans l'église un christ et trois statues en bois représentant saint Denis, patron de la paroisse, la sainte Vierge et saint Jean au pied de la croix.

Ces divers objets eurent le même sort que la statue de la Vierge. Vendus sous la Révolution, ils furent restitués à l'église. Nous les gardons précieusement. Le christ est, parait-il, l'œuvre d'un artiste du pays.

Canons d'autel. — La sacristie de Jaulnay renferme deux canons d'autel imprimés sur soie et entourés d'un encadrement perlé. Le canon du milieu a été imprimé en 1701, *chez la veuve de Jean-Baptiste Braud, imprimeur-libraire de l'Université de Poitiers*; celui de l'épître est sorti des presses de *François-Xavier Mesnier, imprimeur du roi et de l'Université à Poitiers*. Nous n'avons trouvé aucune trace du canon de l'évangile.

Chasuble. — Le souvenir le plus précieux que possède l'église de Jaulnay est une chasuble rouge, qui sert aux fêtes de la Pentecôte, de saint Pierre et de saint Denis, patron de la paroisse. Elle porte un christ brodé en soie qui est d'un effet saisissant ; le travail est d'une finesse remarquable. Au pied de la croix, Notre-Dame et saint Jean se tiennent dans une attitude

---

1. Archives municipales.
2. Mᵍʳ Barbier de Montault.
3. Archives municipales.

qui exprime l'étendue de leur douleur. Des Anges recueillent dans les calices le sang qui coule des plaies du Sauveur.

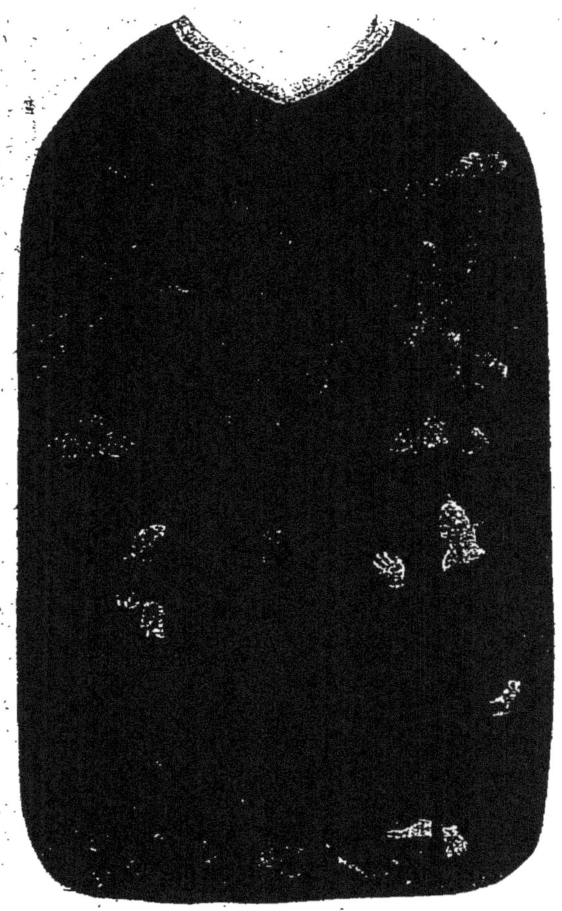

CHASUBLE DE L'ÉGLISE DE JAULNAY

Autel. — L'autel n'a pas été fait pour notre église, il nous est venu de Sainte-Radegonde de Poitiers, en 1874. Il est en pierre recouverte de bois sculpté et peint.

Sur le devant, on remarque une Vierge tenant dans ses bras l'Enfant Jésus. A sa droite, se tiennent sainte Radegonde et deux de ses pieuses compagnes : sainte Agnès et sainte Disciole. A sa gauche, saint Fortunat, le célèbre auteur du *Vexilla Regis*, que les liens d'une sainte amitié unissaient à sainte Radegonde ; saint Grégoire de Tours, qui présida les funérailles de la bienheureuse

reine, et saint Médard, qui lui donna la bénédiction des dia-
conesses.

Pierres d'autel. — A chaque autel, nous avons une
pierre sacrée sur laquelle le prêtre offre le saint sacrifice de la
messe.

La pierre du grand autel n'offre rien de remarquable ; elle est
en ardoise et a ses cinq croix parfaitement bien conservées.

Les pierres des deux autres autels sont également en ardoise.
Celle de la chapelle de la sainte Vierge porte le nom de AYRAULT,
qui fut curé de Jaulnay, de 1813 à 1827. Sur celle de la chapelle
du Sacré-Cœur, on lit : LORIN.

Il y a encore à la sacristie quatre autres pierres sacrées, un
peu détériorées. Sur l'une d'elles est l'inscription suivante :

PH. CL.

PA. DE. PLE

VVILLE

c'est-à-dire : Philippe Clébat, curé de Pleuville.

Ce Philippe Clébat a été curé de Pleuville (Charente) de 1643
à 1669.

Tableau de saint Hyacinthe. — A gauche, sur le
mur septentrional, on aperçoit un tableau qui n'est pas sans
valeur. Voici la description qu'en a donnée Mgr Barbier de Montault :

« Il représente un seigneur à genoux, priant les mains
jointes, vêtu de noir, fraise au cou, manchettes aux poignets,

figure de quarante à quarante-cinq ans; costume du dix-septième siècle naissant; il a pour patron saint Hyacinthe, qui lui montre, au-dessus d'un autel où sont posés les saints Evangiles, et dans les nuages, l'Enfant Jésus qui le bénit et la Vierge qui lui adresse ces paroles : GAVDE FILI HYACINTHE. Dans les huit médaillons qui encadrent le tableau, la vie du pieux Dominicain est tracée sommairement :

1. *Il marche sur la mer :* SVPRA MARE AMBVLAT.
2. *Il ressuscite des morts :* MORTVOS RESSVSCITAT.
3. *Il rend la vue aux aveugles :* CÆCIS VISVM RESTITVIT.
5. *Il baptise.*
6. *Il rend la santé aux ulcérés :* VLCERATIS SANITATEM RESTITVIT.
7. *Il guérit un hydropique :* HYDROPICVM CURAT.
8. *Il guérit les infirmes :* INFIRMOS SANAT [1].

Ancien chevet de l'église. — Quand se construisit l'abside actuelle, en 1871, l'ancien chevet a été renversé. M. Mongruel, l'un de nos compatriotes, nous a conservé le dessin de cette partie de l'église et de sa verrière, œuvre du quinzième siècle.

Clocher. — Le clocher remonte au douzième siècle. La tradition rapporte qu'il était surmonté d'une flèche très élégante, détruite par une tempête vers le dix-septième siècle. Depuis lors, la tour fut couverte d'une simple toiture avec appentis jusqu'en l'année 1884, époque où fut construite la flèche actuelle.

La chaire. — La chaire est l'œuvre d'un artiste de Jaulnay, M. Ferrand, chantre de la paroisse.

Ce qui précède montre l'attachement des habitants de Jaulnay pour leur église paroissiale. Nous espérons que ce sentiment se maintiendra vif dans leurs cœurs, et qu'il se manifestera de la façon la plus honorable pour eux. Il reste encore beaucoup à faire. La génération présente se fera un devoir pieux de continuer l'œuvre de celle qui l'a précédée; son exemple provoquera ses enfants à rivaliser de zèle pour la beauté de la maison du Seigneur.

L'église paroissiale doit être le plus bel ornement et la gloire d'une localité.

---

1. Mgr Barbier de Montault.

LIGUGÉ (Vienne)

IMPRIMERIE SAINT-MARTIN

M. BLUTÉ

L'INDUSTRIE A JAULNAY

La ville de Jaulnay, agréablement assise sur la rive gauche du Clain et à mi-chemin entre Poitiers et Châtellerault, est admirablement située pour devenir une localité industrielle de premier ordre.

La gare de Clan et la route nationale de Paris-Bordeaux lui facilitent les débouchés de ses produits.

Son activité commerciale, qui se développe chaque jour, se déploie dans les diverses industries ci-dessous énumérées dans l'ordre alphabétique.

Abeilles. — M. Person fournit tous les articles d'apiculture.

Bois. — Scierie mécanique à Clan, exploitée par M. Pichault ; assortiment de bois du Nord et de pays.

Bouchers. — Claude Moureau, Charles Mesmin, Sureault-Jaudoin, Sureault Pierre, Autexier Louis, Visibal-Gaudin.

Boulangers. — Arnoult, Renault, Rocher.

Bourrelier. — Farveau.

Brocanteur. — Barthomeuf achète et vend tous les ustensiles de ménage, bibliothèques, literie, antiquités, vaisselles, etc. Il parcourt les arrondissements de Châtellerault et de Poitiers ; il expédie en gros chiffons, ossements et ferrailles.

Charpentes en bois. — M. Bejeau, entrepreneur de charpentes en bois en tous genres.

Charpentes en fer. — M. Mongruel dirige des ateliers pour la construction spéciale des charpentes en fer. Modèles spéciaux déposés, constructions agricoles, industrielles. Hangars démontables, etc. Maison d'exportation.

Charrons. — Bourgouin, Doucet, Galipeau, Gouttière.

Cordonniers. — Carimalo, Duport, Manceau, Riché.

Engins de pêche. — La plupart des marchands d'engins de pêche s'approvisionnent chez M. Robin, à Clan-Jaulnay.

Engrais. — En dehors du syndicat départemental, tenu par M. Contancin, et du syndicat cantonal, représenté par M. Moreau Clovis, MM. Bodin Eugène et Ferdinand Thibault fournissent toutes sortes d'engrais.

Four à chaux. — Briques, tuiles carreaux. Ce four, appartenant à M. Maurice Guérin, est exploité par M. Prédeau.

Gibier. — M. Bonnet Louis se livre à l'exportation de la viande de lapin.

Horlogerie. — L'horlogerie est représentée par MM. Gignard et Solo.

Hotte à vendange. — M. Letang construit une hotte en tôle galvanisée brevetée et des baquets en même métal (exportation).

Hôtel. — Veuve Girard. Maison recommandée par ses bonnes fritures.

Instruments agricoles et viticoles. — Maison Bourgouin, fondée en 1753. Les pressoirs à vendange ont une fermeture qui leur est particulière.

Maison Galipeau, ustensiles à vendange et instruments de toutes sortes.

Légumes. — A la porte des marais de la Pallu, Jaulnay fait en grand l'exportation des légumes secs et frais par MM. Ferrand, chantre, Maucice Person et Victor Thibault.

Liqueurs. — Maurice Guérin, fabrique de liqueurs.

Maçons. — Dallier, Debay, Ferrand, Tartault.

Meunerie. — M. Marot, à Clan, exploite une usine à cylindre nouveau modèle. Il achète les blés, vend les farines, recoupes, etc.

Menuisiers. — Barbotin, Gouttière, Recouppé.

Moutarde. — La moutarde de Jaulnay, très appréciée des gourmets, est fabriquée par M. Mercier, qui tient la recette de ses grands-parents.

Messageries. — Chaque semaine, les mardi et samedi, le service des messageries pour Poitiers est fait par MM. Guillon-Orillard, qui descend *Aux deux Clefs*, et Ragonneau fils, qui descend *A la grande Allée*.

Manufacture. — Ronsse ; tapis haute laine en tous genres, reproduction de tapis de Flandre, tapis brosse coco, tissus brochés, portières, carpettes, tapis de table, rideaux double façon Ancenis. Maison d'exportation.

Plants de vigne. — Greffes de tous cépages tenus avec beaucoup de goût par MM. Berson Eusèbe, Girard Jean, Pierre Rabier, Désiré Ravault, Pierre Rousseau.

Plâtrier. — Moreau.

Sabotiers. — Hérault, Masson, Mimeau.

Semelles sabots. — M. Jacquault fait pour l'exportation des semelles brutes, dites gailloches, découpées à la scierie mécanique.

Serrurerie. — Bideau, Clément, Dubreuil, Fourcade, pour portes en fer.

Soufre et Bouillie bordelaise. — Produits tout préparés par la maison Julian, de Béziers, représentée par M. Gaston Galletier.

Tonnellerie. — Plusieurs ouvriers sont employés à la confection et à la réparation des futailles. M. Proust-Huet en fait une spécialité.

Vinaigre. — Deux vinaigreries : l'une est exploitée par M. Huet Firmin, l'autre par M. Moreau Clovis.

Vins. — Les vins de Jaulnay ont une réputation comme vins de table. Ils sont surtout recherchés pour la fabrication des eaux-de-vie (cognac, fine champagne). Leur essence rivalise avec les meilleurs crus des Charentes. Le commerce en est fait par MM. Bugeant Armand, Fœtu François, Guérin Maurice, Huet Firmin, Lefrançois, Moreau Clovis, Sénard.

Ligugé (Vienne). — Imp. Saint-Martin. M. Bluté. — 10-98.